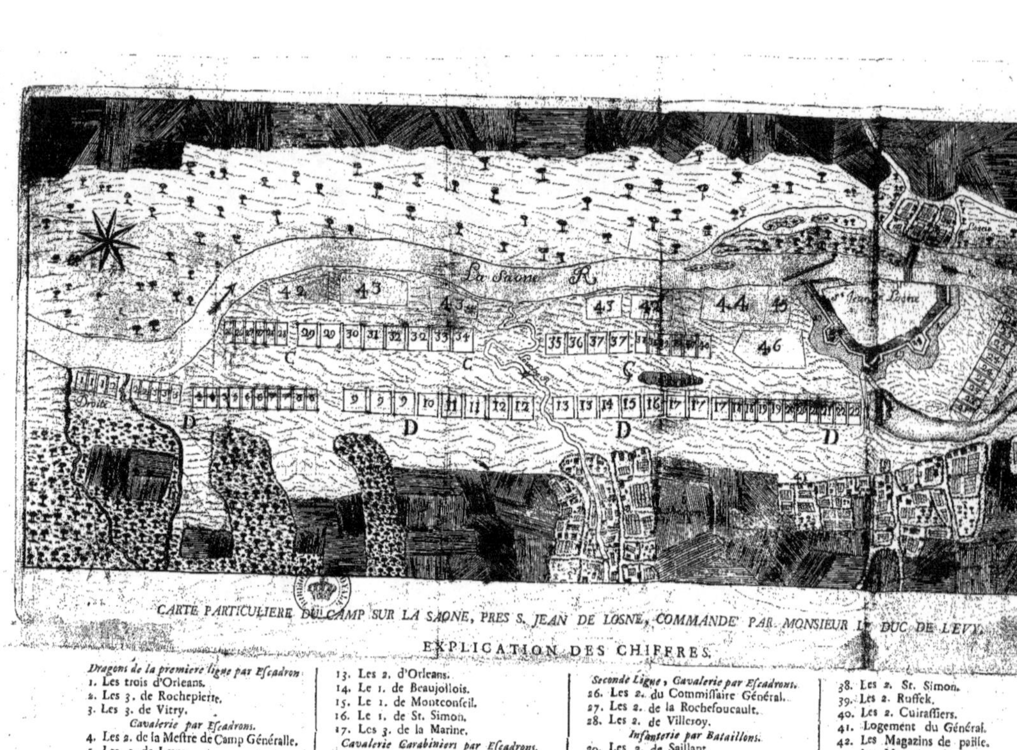

CARTE PARTICULIERE DU CAMP SUR LA SAONE, PRES S. JEAN DE LOSNE, COMMANDE' PAR MONSIEUR LE DUC DE LEVY.

EXPLICATION DES CHIFFRES.

Dragons de la premiere ligne par Escadron.
1. Les trois d'Orleans.
2. Les 3. de Rochepierre.
3. Les 3. de Vitry.

Cavalerie par Escadrons.
4. Les 2. de la Mestre de Camp Généralle.
5. Les 2. de Levy.
6. Les 2. de Brion.
7. Les 2. de Noaille-Duc.
8. Les 2. de Dauphin Etranger.

Infanterie par Bataillons.
9. Les 3. de Navarre.
10. Le 1. de Quercy.
11. Les 2. de Limosin.
12. Les 2. de Toulouse.
13. Les 2. d'Orleans.
14. Le 1. de Beaujollois.
15. Le 1. de Montconseil.
16. Le 1. de St. Simon.
17. Les 3. de la Marine.

Cavalerie Carabiniers par Escadrons.
18. Les 2. de Pardaillans.
19. Les 2. de Parabere.
20. Les 2. de la Mark.
21. Les 2. de la Motte.
22. Les 2. de Grieux.

Dragons par Escadrons.
23. Les 3. de Beaufremont.
24. Les 3. de Languedoc.
25. Les 3. de Sommery.

Seconde Ligne, Cavalerie par Escadrons.
26. Les 2. du Commissaire Général.
27. Les 2. de la Rochefoucault.
28. Les 2. de Villeroy.

Infanterie par Bataillons.
29. Les 2. de Saillant.
30. Le 1. de Santere.
31. Le 1. de l'Isle de France.
32. Les 2. de Bourbon.
33. Le 1. de Royal Baviere.
34. Le 1. d'Anguein.
35. Le 1. Vexënt.
36. Le 1. Dangenois.
37. Les 2. de la Reine.

Cavalerie par Escadron.
38. Les 2. St. Simon.
39. Les 2. Ruffek.
40. Les 2. Cuirassiers.
41. Logement du Général.
42. Les Magazins de paille.
43. Les Magazins de bois.
44. Le Magazin au foin.
45. Le Magazin d'avoine.
46. Circui des quaissons.
47. Enseinte de la Ville revêtuë.
48. Trois bastions de terre.
49. Fosses à sec.

A. B. Deux branches de la Thille q[ui] sont à sec en Eté.

C. *Seconde Ligne.* D. *Premiere Lign[e].*

Echelle.

50. 100. 140. 200. 250. 300. 600. Tois.

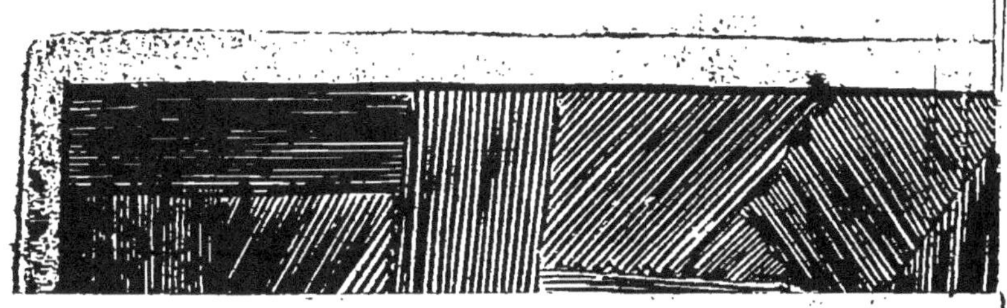

Dragons de la premiere lig
1. Les trois d'Orleans.
2. Les 3. de Rochepierre
3. Les 3. de Vitry.

Cavalerie par Es

4. Les 2. de la Meſtre de C
5. Les 2. de Levy.
6. Les 2. de Brion.
7. Les 2. de Noaille-Duc
8. Les 2. de Dauphin Et

Infanterie par Ba

9. Les 3. de Navarre.
10. Le 1. de Quercy.
11. Les 2. de Limoſin.
12. Les 2. de Toulouſe.

PLAN HISTORIQUE
DU CAMP
FORMÉ EN BOURGOGNE,
SUR LA RIVIERE DE SAONE
Au-dessus de la Ville de S. Jean-de-Lône,

Auquel pour la curiosité des Lecteurs on a ajoûté la Liste des Troupes qui ont composé le Camp de la Moselle.

A LYON,

Chez FRANÇOIS RIGOLLET, Libraire, Quai des Celestins, au Mercure gallant.

M. DCC. XXVII.

AVEC PERMISSION.

A MONSEIGNEUR,

MONSEIGNEUR DE LEVI, Duc & Pair de France, Lieutenant Général des Armées du Roy, &c.

HEROS dont la valeur égalle la noblesse,
Et de qui la prudence & la haute sagesse
Prouve à toute la France attentive sur toi
Que tu sais mériter la faveur de ton Roi,
Te loüer dignement n'est pas un mince ouvrage,
Envain j'aspirerois à ce noble avantage,
Ma plume à peine hélas suffiroit au récit
De tant d'exploits brillans dont l'éclat m'interdit,
D'un plus docte Ecrivain ce sera le partage,

De mon foible Apollon reçois pourtant
l'hommage,
T'admirer à present est tout ce que je
peux;
Mais crois que si jamais je suis assez
heureux
Pour me mettre en crédit sur le sacré
Parnasse,
Tu seras mon Mecene, & serai ton Horace;
Aux honneurs où je vois que tu cours
à grands pas,
Je veux en te suivant éviter le trépas:
Homere à moindre prix aussi-bien que
Virgile,
L'un avec son Enée & l'autre avec
Achille,
Ont mérité le prix de l'immortalité,
Un bien plus Grand Heros me l'aura
mérité.

*R*** de Lyon.*

LISTE DES TROUPES

Qui ont composé le Camp de la Moselle.

Sous le Commandement de Mr. DE BELLISLE,

Infanterie de la premiere Ligne.

PRemiere Brigade de six Bataillons,
Monsieur le Chevalier de Tessé Brigadier.
Le Régiment de Champagne, 2 Bataillons,
Colonel, Mr. le Chevalier de Tessé.
Touraine, 2 Bataillons,
Colonel, Mr. de Luxembourg.
La Valiere, 1 Bataillon,
Colonel, Mr. le Marquis de la Valiere.
Seconde Brigade de six Bataillons,
Mr. le Comte de Pefzé Brigadier.
Alsace, 2 Bataillons,
Colonel & Lieutenant-Général, Mr. le Prince de Berkinfeld.
Le Roi, 4 Bataillons,
Colonel, Mr. le Comte de Pefzé.

Seconde Ligne.

Premiere Brigade de quatre Bataillons,
Mr. le Marquis de Crecy Brigadier.
Le Régiment Royal, 2 Bataillons,
Colonel, Mr. le Marquis de Crecy.
Condé, 2 Batailons.
Colonel, Mr. le Chevalier de Surville.
Seconde Brigade,
Monsieur le Marquis de Meuse Brigadier.
Meuse, 2 Bataillons,
Colonel, Mr. le Marquis de Meuse.
Lyonnois, 2 Bataillons,
Colonel, Mr. le Duc de Rets.

CAVALERIE.

Premiere Ligne.

Premiere Brigade,
Mr. le Prince de Lambese Brigadier.
Royal, 2 Escadrons,
Colonel, Mr. le Comte de Melun.
Lorraine, 2 Escadrons,
Colonel, Mr. le Prince de Lixin.
Lambese, 2 Escadons,
Colonel, Mr. le Prince de Lambese.
Seconde Brigade,
Mr. le Chevalier de Beringhen Brigadier.
Royal Etranger, 2 Escadrons,
Colonel, Mr. le Comte de St. Maure.
Beringhen, 2 Escadrons,
Colonel, Mr. le Chevalier de Beringhen.
Conti, 2 Escadrons,
Colonel Mr. le Chevalier du Chella.

Seconde Ligne.

Premiere Brigade,
Mr. le Marquis de Courtanvaux Brigadier.
Royal Roussillon, 2 Escadrons,
Colonel, Mr. le Marquis de Courtanvaux.
Brissac, 2 Escadrons,
Colonel, Mr. le Duc de Brissac.
Seconde Brigade
Mr. le Comte de Segur Brigadier.
Gevres, 2 Escadrons,
Colonel, Mr. le Duc de Gevres.
Orléans, 2 Escadrons,
Colonel, Mr. le Comte de Segur.

DRAGONS.

La Mestre de Camp, 3 Escadrons
Colonel, Mr. de Fremur.

Dauphin, trois Escadrons ; Colonel, Mr. de Vassé.

Total de l'Infanterie, 20. Bataillons.
Total de la Cavalerie, 20. Escadrons.
Total des Dragons, 6. Escadrons.

PLAN HISTORIQUE

Du Camp formé devant S. Jean-de-Lône le 25. Août 1726.

Sous le commandement de Mgr. le DUC DE LEVI.

La Paix a une foule de prérogatives qui la doivent faire préférer à la Guerre. Cette facilité de traverser les Pays les plus étrangers comme on parcourt les Provinces d'un même Royaume, cette abondance que le commerce produit par la liberté qui l'accompagne, cette sureté avec laquelle un pere éleve une famille sans craindre que le sort des armes lui en enléve la principale partie, mille autres avantages la font souhaiter, aussi la regarde-t-on comme la seule ressource du rétablissement des Etats que la Guerre a ruiné.

Mais une vicissitude inévitable nous devant faire regarder la Paix & la Guerre comme deux Etats qui se succédent l'un à l'autre infailliblement, nous ne pouvons pas disconvenir que l'oisiveté, pour ainsi dire, dans laquelle les Troupes vivent pendant la Paix, ne forme un obstacle très dangéreux aux victoires que l'on doit se proposer au commencement d'une Guerre qui la suit, surtout si l'intervalle qui se trouve entre deux Guerres, est un peu long.

Telle est la situation où se trouve actuellement la France, treize ou quatorze ans d'une Paix qui n'a été interrompuë que par une Campagne où peu de troupes ont eu part, ont produit des Soldats présque tout nouveaux. Ce que des engagemens & des dégagemens fréquens, ce que la mort, ce que la désertion emporte a causé un renouvellement si grand, qu'à peine trouve-t'on dans les Régimens un tiers de vieux Soldats, l'Officier est presque aussi neuf, & ne sçait rien pour ne sçavoir que par spéculation, ce qu'on ne peut parfaitement aprendre que par la pratique.

Ces considérations ont porté Sa Majesté Trés Chrétienne à formér ses Camps sur les principalles Riviéres de son Royaume, où les Troupes fussent exercées, & où dans l'image de la Guerre, ils aprissent la maniére de vaincre dans la réalité.

La Ville de Saint Jean-de- Lône fut entr'autres choisie pour être le Théâtre d'une de ces représentations militaires. Cette Ville quoique des plus petites de la Province ne laisse pas d'avoir sur beaucoup d'autres des préférences avantageuses, tant par son Ancienneté, parce qu'il s'y est passé de considérable, que par les Priviléges que la valeur & la fidélité des Habitans leur ont attiré de nos Rois.

On remonte pour son Ancienneté jusqu'à l'année 620. quoiqu'il soit difficile de dire au juste en quoi elle consista alors, par l'obscurité des tems qui nous raportent à peine les évenemens principaux.

Elle est le Siége d'un Bailliage Royal, elle a ses Magistrats qui lui furent donnés par les Ducs de Bourgogne, il s'y est fait differentes entrevûës des Princes, Rois, Papes, differens Traités de Paix.

Mais ce qui l'a le plus illustrée, est la valeur avec laquelle les Habitans la deffendirent en 1636. contre une armée considérable commandée par le Comte Galas qui l'assiégea au mois d'Octobre. Ils y soutinrent deux Assaux Généraux, résolut au troisiéme auquel ils s'attendoient de s'ensevelir sous les ruines de leur patrie, est de ne livrer aux Ennemis qu'un monceau de cendre au lieu d'une Ville qu'ils comptoient d'emporter d'emblée, mais cette funeste résolution fut renduë inutile

par

par la retraite de l'Ennemi le huitiéme jour du Siége.

Cet évenement que la foiblesse actuelle de la Ville rend presque incroïable, est confirmée par les actes les plus autentiques, & les magnifiques recompenses que Louis XIII. accorda aux Habitans en les exemptant de tailles, taillons, & autres subsides de cette nature, en leur permettant de posséder des francs fiefs comme Personnes Nobles, ne laissent aucun lieu d'en douter.

La fidélité des Habitans n'a pas moins paru dans les Guerres Civiles, mais il est inutile d'en raporter les occasions pour ne pas rapeller l'infidélité de ceux qui portoient pour lors les Armes contre leur Roy.

La Ville de St. Jean-de-Lône est située au milieu d'une fertile Prairie ayant au midi la Riviere de Saône qui baigne ses murs & partage la plaine, on passe cette Riviere sur un pont de bois, par lequel la Ville communique avec un Fauxbourg où se trouve un Prieuré fondé par un de nos Rois de la premiere Race sous le nom de Notre-Dame de Lône, ce Fauxbourg qui étoit autrefois une espece de fort, a éprouvé le sort des années & ne forme plus qu'une motte de terre.

La Ville du côté du Septentrion est entourée d'un mur que deffendent trois Bastions de terre, dont on a fait des promenades pour l'embelissement, un double fossé accompagne le tout, quelques autres ouvrages formoient des fortifications dont on ne voit plus que les vestiges.

C'est de ce côté de la Ville que Mr. le Duc de Levi nommé par sa Majesté pour commander sur la Saône, à placé son Camp dans une partie de la Prairie, qui s'etend depuis la porte de St. Jean-de.Lône en remontant la Riviere jusqu'à un Petit ruisseaux qu'on appelle la Thil.

Il Porte près d'une lieuë de France d'étenduë, & est coupé au milieu par la Riviere d'Ouche, qui après avoir traversé la Bourgogne se jette dans la Saône, une petite demie lieuë au dessus de la Ville de St. Jean de Lône.

On ne s'étendra pas d'avantage sur sa situation, la Carte que l'on a fait graver exprès presentera d'un coup d'œil sa position & ses environs.

On se contentera de donner une liste des Régimens par Brigades, avec le nombre de leurs Bataillons ou Escadrons & le nom de leurs Principaux Officiers.

INFANTERIE.

Premiere ligne.

PREMIERE BRIGADE.

Mr. le Vicomte de Tavanes Brigadier.

Régimens. NAVARRE trois Bataillons.

Colonel, Monsieur de Rembuzes.
Lieutenant Colonel, Monsieur du Metrail.
Major Monsieur de la Tilleuse.

QUERCY un Bataillon.

Colonel, Mr. le Vicomte de Tavanes.
Lieutenant Colonel Monsieur de Lestrades.
Major, Monsieur de Gorey.

SECONDE BRIGADE.

Monsieur Philippe Brigadier.

LIMOSIN deux Bataillons.

Colonel, Monsienr Philippe
Lieutenant Colonel. . . . . .
Major. . . . . . .

TOULOUSE deux Bataillons.

Colonel, Monsieur de Dos.
Lieutenant Colonel, Monsieur de Rochecolombe.
Major, Monsieur de Contizac.

TROISIE'ME BRIGADE.

Monsieur de Luteau Brigadier.

Régimens D'ORLE'ANS, deux Bataillons.

Colonel, Monsieur de Juiny.
Lieutenant Colonel, Monsieur de Mont-Leger.
Major, Monsieur de Châteauvieux.

BEAUJOLOIS un Bataillon.

Colonel, Monsieur de Luteau.
Lieutenant Colonel, Monsieur de Caussade.
Major, Monsieur de Godes.

MONT-CONSEIL.

Colonel,	Monsieur de Montconseil.
Lieutenant Colonel,	Monsieur de la Motte.
Major,	Monsieur de Cadoule.

QUATRIE'ME BRIGADE.

Monsieur de Midelbourg, Brigadier.

LA MARINE, trois Bataillons.

Colonel,	Monsieur de Midelbourg.
Lieutenant Colonel,	Monsieur de Montesquiou.
Major,	Monsieur de la Tour.

SAINT SIMON, un Bataillon.

Colonel,	Monsieur de Saint Simon.
Lieutenant,	Monsieur des Rousset.
Major,	Monsieur Girauton.

Deuxiéme Ligne.

PREMIE'RE BRIGADE.

Monsieur de Saillans, Brigadier.

Regiment de SAILLANS, deux Bataillons.

Colonel,	Monsieur de Saillans.
Lieutenant Colonel,	Monsieur de Sauvignac.
Major,	Monsieur de Redon.

SANCTERRE un Bataillon.

Colonel,	Monsieur de Renel.
Lieutenant,	Monsieur du Bouchet.
Major,	Monsieur de Courseille.

ISLE DE FRANCE, un Bataillon.

Colonel,	Monsieur de Murce.
Lieutenant,	Monsieur de Fabry.
Major,	Monsieur de Termes de Saulx.

DEUXIE'ME BRIGADE.

Monsieur le Chevalier de Baviere Brigadier.

BOURBON, deux Bataillons.

Colonel,	Monsieur de Tilladet.
Lieutenant,	Monsieur de Taillans.
Major,	Monsieur de Lage.

ROYAL BAVIERE, un Bataillon.

Colonel,	Monsieur le Chev. de Bavier.
Lieutenant,	Monsieur de Rouville.

Major,	Monſieur Klaye.

ANGUYEN, un Bataillon.

Colonel,	Monſieur de l'Aigle.
Lieutenant,	Monſieur de la Claviere.
Major,	Monſieur de St. Pont.

TROISIE'ME BRIGADE

Monſieur Delautrée Brigadier.

LA REINE deux Bataillons.

Colonel.	monſieur de Lautrée.
Lieutenant,	monſieur D'aſſigny.
Major,	monſieur de Valcroiſſant.

AGENOIS, un Bataillon.

Colonel,	monſieur de malauze.
Lieutenant,	monſieur de Valoney.
Major,	monſieur de Ligny.

VEXIN un Bataillon.

Colonel,	monſieur du Pleſſis Bellievre.
Lieutenant,	mouſieur Potier
Major,	monſieur de Charron.

CAVALERIE.

Premiere Ligne.

PREMIERE BRIGADE.

Monſieur d'Alzau Brigadier.

MESTRE DE CAMP GENERAL, deux Eſcadrons.

Colonel,	Mr. le Comte de Chatillon,
Lieutenant	monſieur de Laurent.
Major,	monſieur d'Achy.

LEVI deux Eſcadrons.

Colonel,	Mr. le Comte de Levi.
Lieutenant,	monſieur de Rochecourt.
Major,	monſieur de Boiſeau.

BRION deux Eſcadrons.

Colonel,	monſieur le Comte de Brion,
Lieutenant,	monſieur de Coieux.
Major,	

SECONDE BRIGADE.

Monsieur de Bezons Brigadier.

NOAILLES deux Escadrons.

Colonel, Mr. le Duc de Noailles.
Lieutenant, Monsieur de Vignaucourt.
Major, monsieur de Champerot.

DAUPHIN ETRANGER deux Escadrons.

Colonel, Monsieur de Bezons.
Lieutenant, Monsieur du Moutier.
Major, Mr. de la Neufrille.

CARABINIERS.

PREMIERE BRIGADE.

Monsieur de Pardaillan Brigadier.

PARDAILLAN deux Escadrons

Chef, Monsieur de Pardaillan.
Lieutenant, Monsieur de Maize.
Major,

PARABERE deux Escadrons.

Chef, Monsieur de Parabere.
Lieutenant, Monsieur de Verhouf.
Major, Monsieur Languezau.

SECONDE BRIGADE.

Mr. de Grieu Brigadier.

LA MARK, deux Escadrons.

Colonel, Mr. de la Mark.
Lieutenant, Mr. de Bia.
Major, Mr. de Charost.

LA MOTTE, deux Escadrons.

Chef, Mr. de la Motte.
Lieutenant, Mr. de Prement.
Major, Mr. de Beauvais.

GRIEU, deux Escadrons.

Chef, Mr. de Grieu
Lieutenant, Mr. de Varcourt.
Major,

Seconde ligne.

PREMIERE BRIGADE.

Monsieur d'Auberterre Brigadier.

COMMISSAIRE GENERAL, deux Escadrons.

Colonel, Mr. de Clermont-Tonnerre.
Lieutenant, Mr. de St Laurent.
Major, Mr. Pierre.

LA ROCHEFOUCAUT, deux Escadrons,

Colonel, Mr. de la Rochefoucaut.
Lieutenant, Mr. de Campagnoilles.
Major, Mr. de Timy.

VILLEROY, deux Escadrons

Colonel, Mr. le Marquis d'Alincourt.
Lieutenant, Mr. de Rambuseau.
Major, Mr. Chambon.

SECONDE BRIGADE.

Monsieur de Maillan Brigadier.

CUIRASSIERS, deux Escadrons.

Colonel, Monsieur de Beuzeville.
Lieutenant, Monsieur de Roaval.
Major, Monsieur Blanchart.

RUFFEK deux Escadrons.

colonel, Mr. le Marquis de Ruffek.
Lieutenant, Monsieur de St. Maur.
Major, Monsieur de Fonadon.

SAINT SIMON deux Escadrons.

Colonel, Monsieur de Saint Simon.
Lieutenant, Monsieur du Parquet.
Major, Monsieur de Vignolley.

DRAGONS.

PREMIERE BRIGADE

Monsieur de Clermont Brigadier.

ORLEANS trois Escadrons.

Colonel, Monsieur Deliermont
Lieutenant, Monsieur de la Fude.
Major, Monsieur de Cogny.

ROCHEPIERRE, trois Escadrons.

Colonel,	Mr. le Chev. de Rochepierre.
Lieutenant,	Monsieur de Vossigneu.
Major,	Monsieur de Maraille.

VITRY, trois Escadrons.

Colonel,	Monsieur de Vitry.
Lieutenant,	Monsieur de la Porte.
Major,	Monsieur de Boisset.

SECONDE BRIGADE.

Monsieur de Beaufremont Brigadier.

BEAUFREMONT, trois Escadrons.

Colonel,	Mr le Marquis de Beaufremont.
Lieutenant,	Monsieur de Gange.
Major,	Monsieur de Sez.

LANGUEDOC. trois Escadrons.

Colonel,	Monsieur du chaies.
Lieutenant	
Major,	

SOMMERY, trois Escadrons.

Colonel,	Monsieur de Sommery.
Lieutenant,	Monsieur de Sisseck.
Major,	Monsieur Desforges.

Total de l'Infanterie.	. . . .	28. Bataillons.
Total de la Cavalerie.	. . . .	32. Escadrons.
Total des Dragons.	. . . .	18. Escadrons.

OFFICIERS GENERAUX.

GENERAL, Mr. le Duc de Levi.

INSPECTEUR GENERAL de la Cavalerie.
Monsieur de Bauveau Lieutenant général.

INSPECTEUR GENERAL de l'Infanterie.
Monsieur de Nangis Lieutenant Général.

MARECHAL DES LOGIS Général,
Monsieur de Saint André.

MAJOR GENERAL de la Cavalérie, le même.

MAJOR GENERAL des Dragons.
Monsieur le Major de Rochepierre

MAJOR GENERAL de l'Infanterie, celui de Navarre.
AIDE Major, celui de St. Simon.
TRESORIER GENERAL, Monsieur de Chevant.
DIRECTEURS GENERAUX des vivres.
MESSIEURS Chalons & du Laurent.
INTENDANT. Monsieur de la Briffe.
COMMISSAIRE Ordonateur Mr. Marival
COMMISSAIRE d'Artillerie, Mr Canet de Clugny

CE fut le 25. d'Août que le Camp commença à se former, Monsieur le Duc de Levi arriva sur les neuf heures du matin de ce jour à la tête d'un détachement des Régimens de Levi, Brion, St. Simon, Cavalerie, & Orléans, & Languedoc Dragons, le corps de ces Troupes arriva quelques heures après. Le Régiment d'Orléans Infanterie étoit arrivé dès le matin. Le lendemain vingt-six, arriverent les Régimens de Dauphin étranger, Ruffek, & quelques Brigades de Carabiniers, le tout Cavallerie, Rochepierre & Vitry Dragons; la Marine, Baujolois & Anguien Infanterie.

Les jours suivans achevérent de former le Camp, les Troupes étant tellement disposées dans les Villes voisines, que le lundi premier de Septembre on fut en état de de faire une Revûë géneralle, elle commença le matin par la Revûë du Commissaire, & sur le midi la Généralle ayant battu, les Troupes se mirent en Bataille dans leur Ligne où elles resterent jusques sur les quatre heures après midi que le Général en fit la Revûë en Cotoyant les deux Lignes d'un bout à l'autre, accompagné de la Cour la plus Brilliante, non-seulement par le nombre des Officiers qui l'accompagnoient, mais encore par la richesse & la foule des équipages étrangers que la curiosité avoit attiré.

Le quartier du Roi est placé à Saint Usage, le Général ayant voulu en prenant un logement à la Campagne montrer l'exactitude & la ponctualité qu'il souhaitoit être observée, en effet on vit camper sous la toille les personnes de la plus grande considération, & aucun n'en fut exempt que les Brigadiers dont les logemens furent placés dans les Villages de St. Usage & d'Echenon.

Ces deux Villages qui sont à peu de distance de la Ville dont ils dépendent quant au spirituel, joüissant de plus des mêmes exemptions, font face au Camp du côté du Septentrion, de même qu'il est couvert au midi par la Riviere de Saône & par la Ville, la tête ou l'aile droite s'étendant au Levant du côté d'Esmailly, & la gauche regardant le Couchant.

Ce Camp le plus considérable qu'on ait jamais vû sur la Saône, tant par la qualité que par le nombre des troupes, est composé d'environ dix-huit mille hommes d'Infanterie, & neuf mille de Cavalerie, & outre la curiosité & le plaisir qu'a produit ce nombre & cette diversité, ce n'a pas été un des moindre que celui qu'a causé la surprise de quelques gens peu experimentés; lorsqu'à la place de la disette qu'ils croïoient devoir suivre une armée, ils y ont vû regner une abondance, telle que les Marchandises y sont à meilleurs prix que dans les autres tems.

Au reste rien n'égale l'activité du Général, & sa conduite justifie pleinement le choix de la Cour. Revûës générales & particulieres, surprises des Gardes du Camp, embuscades, attaques des Villages voisins, enfin chaque jour fournit quelque nouvel incident qui exerce les Troupes & leur aprend cette discipline sans laquelle on ne peut vaincre.

Cet attirail de Guerre est à la vérité adouci par le plaisir, tables ouvertes en grand nombre, Comédie, jeux, mais seulement ceux que la Religion & les Loix permettent, les particuliers trouvant dans le Chef un exemple de la plus scrupuleuse exactitude.

Toutes ces choses y attirent un monde infini, les lieux les plus reculés des deux Bourgognes fournissent des spectateurs, le plaisir de voir sans danger un apareil qui ailleurs remplit d'horreur, apelle le Sexe même sans lequel quoique le plus timide, les assemblées les plus brillantes perdent beaucoup de leur lustre.

Si on s'aperçoit tous les jours de ce monde nouveau, on en est encore plus frapé les jours d'exercice, la renommée semble les publier aux cantons les plus éloignés, & c'est ce à quoi on prit le plus garde le 6. Septembre jour auquel se fit la premiere action générale.

Ce fut sur le midi que les Troupes

commencerent à défiler ſur quatre colomnes, ſçavoir l'Infanterie & la Cavalerie ennemie ſur deux, & la Françoiſe également. Mr. le Marquis de Nangis Lieutenant Général & Directeur de l'Infanterie comandant les Troupes ennemies s'avança entre les Villages de St. Uſage & d'Echenon, tandis que Mr. le Duc de Levi à la tête des François fit filer les ſiennes derriere le Village d'Echenon en cotoyant les Bois de Mailly & s'alla poſter tout du long de la Riviere d'Ouche que les Ennemis ſembloient vouloir paſſer, comme le Village & le Château de Trouhans étoit un poſte avantageux aux deux Armées, Mr. le Duc de Levi jugea à propos de s'en rendre le maitre & de prévenir Mr. de Nangis, il fit pour cela un détachement de trois Régimens de Dragons qui paſſerent l'Ouche & occuperent tous les défilés du Village, enſorte que Mr. le Marquis de Nangis trouvant la place priſe fut obligé de commencer l'attaque qu'il fit faire par ſes Dragons, le déſavantage qu'il eut à ce choc, ne l'empêcha pas de mettre ſon Armée en

Bataille & de s'aprocher en bon ordre de la Riviere.

Mr. le Duc de Levi qui avoit bordé de son côté, & par l'Infanterie & par la Cavalerie, le reçut sans s'ébranler, & fit commencer un feu qui fut de la derniere violence des deux cotés ; la victoire qui sembloit balancer se déclara pour Mr. le Duc de Levi, dont le feu ayant un peu dérangé l'Armée Ennemie, celle-ci fut obligée de faire batre la Retraite, qui se fit pourtant en bon orbre, les François la voyant se retirerent par le même chemin, pendant que la Cavalerie, après avoir gardé son poste quelque tems, pour ôter aux Ennemis l'envie de revenir à la charge, passa elle même l'Ouche, & jointe aux Dragons, attaqua la cavalerie Ennemie qui étoit répanduë dans la plaine pour couvrir la Retraite de son Infanterie; Le choc dura jusqu'à l'entrée de la nuit que l'Ennemi cédant, tout acheva de filer & de rentrer dans son camp sur les huit heures du soir.

Les Dames de la plus grande distinction s'étoient retirées dans le Château de Trouhans pour voir avec sureté cette action brillante, & Mr. Richard Elû du Roi perpétuel aux Etats de la Province de Bourgogne y fit parfaitement les honneurs de Mr. de S. Eugene son beau-frere & Seigneur de Trouhans.

Quelque précaution que l'on prit, on ne put empêcher qu'il n'y eut qnelque accident, mais ils furent de peu de conséquence, le plus considérable fut celui de Mr. de Beaufremont dont le Cheval s'abatit en franchissant un fossé, le prompt secours qu'on lui donna empêcha que la chûte ne fût plus dangereuse, il eut la jambe froissée, ce qui ne l'empêcha pas de remonter à cheval quelques jours après.

Le lendemain 7. les Troupes prirent les armes pour la réjoüissance de l'heureux accouchement de la Reine, à six heures du soir après une décharge du canon de la Place ; les Dragons de la gauche commencerent la leur qui continua le long de la premiere Ligne, puis reprenant à la seconde, la réjoüissance finit par les cuirassiers, après quoi les Troupes rentrerent dans leurs Tentes.

Le 10. les Troupes ayant repris les armes, Mr. le Duc de Levi fit remplir les vergers & jardins des Villages de St. Usage & d'Echenon par une partie de l'Infanterie, faisant couvrir le tout par la Cavalerie soutenuë par trois Régimens de Dragons. L'attaque du village de S. Usage fut peu considérable, une couple de décharges la rendit complette, la Cavalerie s'y remua peu. Le feu fut plus considérable dans l'attaque du Village d'Echenon défendu par Mr. le Vicomte de Tavanes, mais les Troupes cantonnées tinrent bon, & les Assaillans furent obligés de se retirer sans perte.

Quelques Revûës particulieres. Une Générale le 14. Quelques exécutions de Déserteurs occupérent le tems jusqu'au seize.

Ce jour suivant les Ordres donnez par le Général, les Troupes sortirent de leurs tentes sur deux colomnes de Cavallerie, précédée chacune de neuf Escadrons de Dragons, à la tête desquels marchoient 700. hômes d'Inf.

L'Armée alla camper à une lieuë de la Ville d'Auxonne dont Mr. le Duc de Levi vouloit faire l'investiture. Sur le champ & sans s'arrêter, il fit filer l'Infanterie & un détachement de Dragons pour entrer dans Auxonne & la deffendre. Ces Troupes qui y passoient la nuit en sortirent le lendemain dix-sept pour occuper tous les défilés & empêcher l'Ennemi de fermer les passages.

Pendant ce tems-là l'Armée ennemie décampoit comme la veille sur deux colomnes dont l'une passa au dessoû l'autre au dessus de Tillenay, pour donner le tems à la premiere de passer la Saône au guet, ce que firent toutes les Troupes à une portée de mousquet de la Ville malgré l'Artillerie qui fit un feu continuel du rempars, & la résistance des Troupes postées sur le rivage, qui furent attaquées & repoussées par la Brigade des Dragons d'Orleans, Rochepierre & Vitry.

Toute l'Armée étant passée fut obligée de se répandre par toute la campagne distante de plus d'un quart de lieũ de la Ville, & ayant trouvé tous les passages fermez, elle y resta à cheval jusques sur le midi, pendant lequel tems le Piquet attaqua les Grandes Gardes postées dans les dé-

siez, l'Ennemi ne se rebuta point de la résistance des assiegez, le premier Piquet fut relevé par un second, & ainsi successivement, jusqu'à ce que le feu continuel de la Ville & la résistance de l'Infanterie obligea Mr. le Duc de Levi à lever le Blocus. La fortune lui fut plus favorable au passage de la Saône auquel vouloient s'oposer les Troupes de la Ville, mais ayant été forcées l'Armée passa & se retira dans son Camp.

Pendant cette expedition, Mr. de Nangis ne jugeant pas à propos de laisser l'Infanterie du Camp sans exercice, lui fit prendre les Armes, en fit une Revûë générale, accompagnée de toutes les circonstances qui pouvoient la rendre la plus brillante, on y fit plusieurs décharges, on y forma deux Bataillons quarrez. Ce spectacle dédommagea ceux que la nécessité empêcha d'aler à Auxonne.

Les Troupes se reposerent jusqu'au Samedy 20. que Mr. le Duc de Levi ayant voulu donner aux Soldats le spectacle d'une Bataille rangée, envoya ses Ordres pour la marche qui se fit de la maniere suivante.

L'Armée Ennemie étoit composée des treize Bataillons de Navarre, Quercy, Toulouse, Saillans, Sancterre, Isle de France, Bourbon, Baviere, & Anguien, des Escadrons de Cavalerie de la Mestre de Camp Général, Commissaire Général, Lévi, Brion, Noailles, Dauphin étranger, La Roche-Foucault, & Villeroy, & des neuf Escadrons d'Orléans, Rochepierre, & Vitri Dragons, le reste en nombre à peu près égal formant l'Armée de France. Celle-ci fila le long, & endevant du Village de Saint Usage, puis prenant le derrier elle se rangea sur deux Lignes dans la plaine qui est entre les Villages de St. Usage, Echenon, Montot, & Trouhans, sa droite apuyée sur le Village de St. Usage, & la gauche sur celui de Montot.

L'Armée Ennemie étant décampée & marchant sur trois Colomnes passa l'Ouche dedans, & au bas d'Echenon, puis alla s'étendre aussi sur deux Lignes le long de la Riviére d'Ouche ayant sur la droite & un peu derriere le Village de Trouhans, & sur la gauche celui d'Echenon.

Les Armées étant en présence & le signal donné chacun s'avança de son côté, l'attaque commença par l'Armée de France dont la Cavalerie de l'aisle gauche donna d'une si grande furie sur l'aisle droite qu'elle en fut enfoncée sur le champ.

L'infanterie voulant profiter de cette avantage, la premiére Ligne Commença à faire un feu terrible, l'Ennemi répondit de bonne grace; mais il fut ébranlé, ce que voyant la Cavalerie qui formoit l'aisle droite, elle chercha à réparer le dommage & donna si à propos sur les Carabiniers François qu'elle les enfonça, & étoit déja en état de prendre l'Infanterie en flanc, lorsque les Dragons faisant face à cette Cavalerie victorieuse, changea la face & décida la victoire, malgré la resistance de la seconde Ligne des Ennemis qui succédant à la premiére fit un feu inutile & fut contrainte de se retirer.

Au reste la perte fut egale de part & d'autre, c'est à dire que par le grand ordre des Officiers, il n'arriva aucun accident, & chacun retourna dans sa Tente en bonne santé.

Le Lundi 22. on chanta dans la Ville le Tedeum, en action de grace de l'heureux accouchement de la Reyne. La Simphonie en fut excellente, le Sanctuaire étoit orné de plus de 300. Bougies, & le Feu de Joye fut allumé par Mr. l'Intendant, accompagné de la Magistrature, & précédé d'une Compagnie de la Bourgeoisie sous les armes; l'Intendance fut illuminée, & le vin distribué en abondance par les ordres & la libéralité de Mr l'Intendant.

Le Mercredi 24. à 7. heures du matin, la Cavalerie défila sur quatre colomnes pour se rendre dans la pleine, d'où après plusieurs mouvemens & exercices de part & d'autres, comme de deux armées qui s'observent & se respectent, elle rentra dans son Camp: pendant cet exercice de la Cavalerie, l'Infanterie fit le sien sous les ordres de Mr. de Nangis, sans sortir de ses Lignes.

Au reste on ne compte plus sur aucun exercice pendant le reste du tems que les Troupes resteront dans le Camp; quelques-uns s'attendent à décamper sur la fin de cette semaine, ils seront suivis petit à petit des autres, & ainsi finira un Spectacle également beau, & par la tranquilité avec laquelle tout s'est passé, & par le brillant Tdes roupes qui l'ont composé, & par la rareté des exercices qui s'y sont faits.

FIN.

www.ingramcontent.com/pod-product-compliance
Lightning Source LLC
LaVergne TN
LVHW010252230826
846091LV00007B/2924

* 9 7 8 2 0 1 1 2 6 7 8 4 9 *